続

特別支援教育におけるコーディネーターの役割

事例を通して考える本人・保護者中心の連携支援体制の展開

藤村励子・郷右近歩
Reiko Fujimura & Ayumu Goukon

ナカニシヤ出版

はじめに

　生活をしていると「これは誰に相談すればいいんだろう」という事柄に出会う。たいていは身近な人や親しい人となる。他の人も経験していそうなことであれば，仕事仲間や交友関係，美容室での世間話という体でおさまることもある。一般的な水準や，インターネットの検索では太刀打ちできないような内容の場合は公的な専門家に料金を支払って相談することもある。

　現代では，専門家が担当できる範囲の細分化が進んでいる。いくつかの分野・領域にまたがりそうな案件の場合。相談者が複数の専門家をマネジメントすることとなると，そもそも高度な内容であったが故に，船頭多くして舟山にのぼることとなる。総合的なワンストップの信頼できる窓口というのは少なく，社会的な落とし穴も増えた。

　相談する相手を見極めるというのはとても難しい。コストがかかるので，一般的には公的な資格や免許の有無に頼って模索を放棄しがちである。教育という分野が例として分かりやすい。学業にかかわるプライベートな相談事があったとして。小学校の先生なら誰でもいいとか，中学校の先生なら誰でもいいということは，まずない。

　教員免許状を有している者であれば，すべてが一定の技量や人格を満たしていて，どなたであっても課題に真摯に向き

合ってもらえるという理想は，少々重い。相性もある。その
ことは多くの人々が直感的に理解している。一方で，あらゆ
る専門分野・領域においても同様という厳然たる事実からは
目を背けがちだ。

　あそこは距離が近いから，広告が大きかったから，フリー
ダイヤル（初回無料）だったから，ホームページがきれいだ
ったから，外観やインテリアが自分の好みと近かったから，
つまりは自分の行動範囲と無理のない接点があったから。生
活に関する事柄は妥当な範囲のコストでやりくりすることと
なる。気に入った豆腐を買うためだけに新幹線で往復するこ
とはあまりない。

　命にかかわるようなことや趣味・嗜好にかかわるようなこ
とであれば高いコストを費やすことができる人であっても。
生活に関する事柄はそれなりに妥協しながら暮らしているの
ではないだろうか。その時々の自分の味覚に最も合う豆腐を
吟味するために膨大なコストを費やすよりは，一つの銘柄に
こだわる，パッケージ・原材料表記・店構え等に納得する，
ちょっと普段は買わない価格帯に手を伸ばすなど，自分を程
よく手懐けた方が無難だ。

　自分の子どもに最適な教員を探すために多くの教員（教員
免許保持者）を吟味したことがあるという保護者にはなかな
かお会いできない。社会的には熱心といわれる方々も，学校
というパッケージや店構え・理念・評判といった「なんとな
くこっちがよさそう」という範囲であって，入学してから
「あの学年の○○先生に担任してもらいたい」等と言い出す

新入生の保護者さんがいたら「よさそう」だったはずの学校側にとってはかなりのモンスターであり，評判低下の遠因ともなりかねない。

　結局，自分の子どもにとって最適の人材というのは。どうやって探していいか分からないし，根拠も薄弱だ。パッケージや店構えや肩書で判断することとなり，いくぶん多めの金銭を支払うことで溜飲を下げるのが関の山である。偶然すてきな出会いに恵まれることもあれば，いつまで経っても満足できない場合もある。

　教育という自分自身の根幹や人生を左右しかねない営みのパートナー（専門家）の選択を殆どの人間は妥当な範囲の偶然に委ねている。当然ながら不満や失望，ちょっとした差異に対する一喜一憂，言葉にならなかった諦めなど，たくさんあるのだろう。我慢ができる限度は人それぞれだが，それさえ超えなければ身近さと慣れが安定をもたらす。

　もっといい先生を見つけてきた，もっといい学校を見つけてきたと保護者が言っても，子どもが納得するはずがない。私たちは生活にかかわる専門家を選ぶということに慣れていない。あらゆる選択肢の検討をしたいとは思っておらず，社会的システムによるセーフティーネットを期待しつつ，偶然に自身や子どもを委ねざるを得ない。たびたび運が悪かったとしても，よほどの不運でない限りは身近さと慣れが優先される。

　そのようなわけで，学校における子どもの様子に保護者としての気づきがあったとしても「どこぞの大学教員」に相談

しようとはあまり思わない。学校の先生方，管理職，教育委員会等が主な相談の相手であって，それ以外の選択肢が思い浮かぶ保護者は限られている。しかも，世間には一応たくさんいる「専門家」の中からピンポイントで「あなたですよね」という判断は極めて難しい。

　前置きが長くなりましたが。本書では「つむぎさん」とのかかわりを振り返ります。保護者（おかあさん）が私に声をかけてくださったのは「通っていた美容室が一緒だったから」です。ただし，拙著『特別支援教育におけるコーディネーターの役割：脳損傷事例を通して考える本人・保護者中心の連携支援体制』をご存じで「こんな感じで」というピンポイントのオーダーでした。さてさて，どうしたものか…。

　　　　　　　　　　　　　　　　　　　　郷右近歩

目　　次

調整役の必要性

（郷右近，2008 より再掲）

　子どもが何らかの障害を診断されると，その後，保護者は様々な専門職とわたりあうことになります。医療の専門職，行政の専門職，保育や教育の専門職，福祉の専門職など，いずれも心強くも手ごわい面々です。それぞれの専門職から，日々の生活の中では，とても一人では処理しきれない情報量を受け取ります。中には，見たことも聞いたこともないような専門用語がちりばめられています。一つの言葉について質問しようものなら，数百から数千語にわたる説明と，数冊の関連書籍まで紹介されます。それでも，ゆっくりと時間をかけて友好的な関係を築くことができれば，将来にわたって心強い支えを得ることができます。しかしながら，残念なことに専門職の中には，保護者が一つ一つの情報をかみ砕いて理解するための時間を与えてはくれない方々もおります。彼等にとって日々の説明はルーティンワークであり，専門用語の意味は自明のものでしかないのです。

　専門職との間にトラブルを抱えている保護者は少なくないと思います。トラブルとまではいかなくとも，基本的に専門職を信頼できず，表面的につきあわざるを得ないというケースは後を絶ちません。保護者の中には，様々な機関をたらい回しのように行き来させられ，専門職すべてを忌み嫌っている方もおられます。どうして，このような状況を解消することはできないのでしょうか。近年，専門機関の中には“コーディネーター”と呼ばれる職種の方が増え始めました。当事者や保護者と，複数の専門職との間を円滑に取り持つための“調整役”です。ところが，コーディネーター自体が上述のよ

うな "専門職" と化してしまっている場合があります。その一因は，コーディネーターもその機関の職員である場合，機関の一員として振る舞ってしまうことにあるようです。

　どの機関にも属しておらず，なおかつ，それぞれの機関や職種の事情をある程度理解している存在があれば，調整役としては理想的ではないでしょうか。このような役割の一端を担ってきたのが，研究機関の研究者たちです。大学や研究所等の職員ではあるものの，他の機関からはある程度独立した存在と言えるでしょう。ただし，職員である以上は "勤め人" なので，時間の余裕には限りがあります。（しかも，保護者の口コミネットワークなどを通して，評判の良い先生のところには依頼が殺到し，時間の余裕はますます減少します。実際，電話やメールへの対応だけで忙殺されている方もいらっしゃるようです。）そこで，実働部隊となるのが学生（大学院生や学部学生）です。研究者の指導の下，調整役としての側面を担います。私自身がそのような学生の一人でした。

　その際，私はよく「お母さん」に間違えられたり，「ご兄弟ですか」と尋ねられたり，「御主人」と呼びかけられることがありました。必要な場合には立場（研究者の端くれであること）を明かすこともありますが，大抵の場合は相手が勝手に妥当な役割を付与してくれます。ご本人やご家族と仲良くできてさえいれば，医療機関にも，行政機関にも，教育機関にも，福祉機関にも出入りできます。福祉機関に出入りしていた時は，周囲の方々が私のことを当事者だと思っていたこともありました。その場で違和感なく振る舞うことさえできれ

ば，医療の関係者にも，行政の関係者にも，保育や教育の関係者にも，福祉の関係者のようにもみていただくことが可能です。（現在は大学の職員という立場ですが，キャンパス内をふらふらと歩いていると，「学生さん」だと思われていることがたびたびあります。）

　何だかよく分からない立場だけれど，どこにも属していない，なかば素人に近い立場で，当事者や保護者の意を汲み取りつつ，専門職の言葉や立場を忖度し，分かりやすい言葉で双方向に伝え直すお手伝いができれば，と思っています。ただし，無償のボランティアというわけではなく，相応の対価の提供を（当事者やご家族からは研究に必要なデータを，各種専門機関からは研究を進める上で必要な情報を）認めていただける場合に限ります。純粋な無償奉仕では責任を持つことができませんし，何より，協力してくれる学生さんたちの時間は貴重な財産です。空費するわけにはゆきません。この前提において，大学という機関が研究・教育活動の一環として，調整役としての役割を果たすことは十分に可能でしょう。もし，このような考え方に共感していただけるならば，以下ではその実例について紹介したいと思います。

初出：郷右近歩（2008）．特別支援教育におけるコーディネーターの役割：脳損傷事例を通して考える本人・保護者中心の連携支援体制　ナカニシヤ出版

若干の補足

　筆者の恩師（野口和人先生）は前項に記載した（しかも，保護者の口コミネットワークなどを通して，評判の良い先生のところには依頼が殺到し，時間の余裕はますます減少します。実際，電話やメールへの対応だけで忙殺されている方もいらっしゃるようです。）そのものの先生です。恩師には遠く及ばず，不肖の弟子に依頼が殺到するようなことは一度もありませんでした。

　既刊『特別支援（心理）第二研究室』では次のように紹介しています。特別支援（心理）第二研究室というのは部屋の名前です。この部屋では，障害のある子どもたちの心理について研究を行っています。事例研究という，一人ひとりの子どもたち（そのご家族の方々）とかかわり続ける方法で研究を進めています。長い時間をかけてかかわるので，他の研究方法と比較すると，効率が良くありません。計画性もありません。一人の子どもについて何かが分かったとして，他の子どもたちにも同じことが言えるわけではありません。

　独立から15年ほどが経過しました。年齢を重ねたことで「お母さん」や「学生さん」と思っていただく機会が減りました。プレーヤーではあり続けたいのですが，実質的にはマネージャーへと立場が変わってきました。これまで学生さんたちには多大なご協力を賜りました。今回，取りまとめてくださったのが共著者の藤村励子さんです。

　学部生の時と修士課程の時の指導教員が筆者（郷右近歩）で，博士課程後期課程の指導教員が野口和人先生です。「一人ひとりの子どもたち（そのご家族の方々）とかかわり続ける方法」は野口研究室の十八番であり，その源流はルリヤのロマンティック・サイエンスに遡ります。それでは，つむぎさんとの10年近くにわたるかかわりについて，以下ではおかあさんと藤村さんとの会話の形でご紹介します。

出生時から小学校まで

　藤村さん：生まれたときに動脈管開存で，低酸素脳症で，脳性麻痺になった？

　おかあさん：という結果が残ったという感じです。それからはそれを聞いているので，その情報を集めたりして，本を読みながら。（つむぎさんの）姉がいるので。それで（比較すると）だんだんあれもできない，これもできない，これはできる，目はどうだ，という。

　おかあさん：その時点でMRIを撮って。もうだいたい，いろいろ難しいだろうということは言われていたので。あとは，すべての事柄に定型発達の姉がいたので。こういうところが遅れているな，と。知的なことはもうちょっと後にならないと分からないけれど，ハイハイとか，1歳頃にはできるはずのことが軒並みできていないという。できない状態で，光が分かるかなっていうくらいでしたが，追視なども最初の頃はできなかった。分からないかもしれないなっていうところから始まりました。

　おかあさん：1年ちょっと経って，1年3か月くらいかな。眼科とか耳鼻科とかに通いだして。療育センターにも合間合間に通って。目はこう，耳はこう，っていうことを大体教えていただいて。結論は「目は見えているんでしょう」という，それくらいかな。どんなふうに見えているのかは分かりませんよ，今でも。たぶん，今（26歳）調べても分からないと思

う。目は見えている，耳は聞こえている。嚥下に何かすごく大きな問題があったわけではない。運動機能については，もうほぼ全介助でしょうという（見立て）。

　おかあさん：あとはどれくらい喋ることができるようになるとか，そういうことはまだちょっと，その頃は分からなかった。昨日（記憶を確かめるためにつむぎさんの）姉とも話していたけれど，それ以上のことはちょっと思い出せないです。（つむぎさんの）おとうさんに聞いたら「ここはこうだったよ」という詳しいことが分かるかもしれません。

　おかあさん：ぼんやりとした記憶の中では「小脳のあたりが」とか「（脳の）ここら辺は（画像上で）黒かった，白かった」とか，断片的な言葉は浮かんできます。だけど，その当時の私は，詳しいことを聞いたところで「何が？」という感じだったから，よく分かりませんでした。時間をかけて，だんだんと「こんな感じかな」と分かってきたような感じです。

　おかあさん：（つむぎさんの）お喋りに関しては，何度か（励子さんには）お話しさせてもらっていたかと思うけれど。療育センターに通っていた頃だと思いますが「ごにょごにょごにょごにょ」と喃語みたいな音声を発するようになってきて。それを聞いた私が「きっとこれは会話だよな」と思ったので。（つむぎさんの）声に合わせて返事をしていたら，だんだん，だんだん，いくつか繋がっていったような感じでした。

おかあさん：以前，質問形式の発達検査で確認していただきましたが。そんなことを繰り返している内に，3歳か4歳くらい，うーん，4歳まではいっていなかったかな。正確には分からないけれど，二語文や三語文くらいまで（つむぎさんが）喋れるようになって。それで今（26歳）みたいな感じの喋り方になった。二語文や三語文以上は，後から言葉がぐっと広がるということはなかった。

おかあさん：それでもう，本人の世界観の中では事足りてしまったような印象で。周りの人間が言葉を豊かに広げるということはなかなかできなくて。二語文から三語文の世界。あとはどんなに周りが教えようとしても（つむぎさんが）できなかったのは数。数の概念は，3くらいまでかな。それ以上は難しそうだったので，そこはそれ以上，無理はしなかった。

藤村さん：数については，そんな感じですね。

おかあさん：1個，2個，3が分かるかな…っていうところで「いっぱい」になってしまう印象。

藤村さん：ああ，そうですね。私が（つむぎさんと）ぬいぐるみを買いに行ったときも，そんな感じだったと思います。

おかあさん：小学校に入る頃。それ以前から人見知りは強

かったので。人見知りというか，母子分離がなかなか難しかった。それはそうかな，とは思いつつ。（それでも母子分離を）目標に小学校に入学して。最初の1か月くらいは（つむぎさんが学校で）わんわん泣いていたけれど，（学校にはつむぎさんの）姉もいるし。小学校の先生方も本当によくしてくださったので，割とすんなり（つむぎさんも学校に）馴染んで。

おかあさん：小学校では（つむぎさんは）喋っていました。小学校に入るまでの単語数くらいは，学校でも喋っていた。

藤村さん：単語で話している，という感じでしたか。

おかあさん：そう。先生に何か「もってきて」とか。必要な単語とか。それと，ゲラゲラと笑っていた。先生が仰っていたことは，どこまで（つむぎさんが）理解できていたかは分からないけれど。大体は分かっている様子で。不安がっている様子もなくて。母子分離の不安が消えた後は，先生方とのコミュニケーションで困っている様子はなかったです。

おかあさん：1年生から6年生までずっと。生活面のコミュニケーションは大丈夫だった。先生が「ご飯食べる？」と尋ねると（つむぎさんが）「それいらん」とか。先生の言葉掛けが（つむぎさんにとって）必要な情報量と大体同じくらいで，ちょうどよかったのかな。

　おかあさん：唯一コミュニケーションで難しかったことと言えば。外国語活動の外部講師の方が来られたとき。すごく元気溌剌という感じの，ブワッと喋られる，とても陽気な感じの方には（つむぎさんが）すごく拒否反応を示していた。

　藤村さん：明るくてグイグイ来る感じですか。

　おかあさん：そうです。その時に（自宅に戻ってきたつむぎさんの様子から）「あれっ」と思ったんだけど。（つむぎさんがかなり深刻そうな）訳の分からないことを訴え始めて。どんな言葉だったのかは思い出せないけれど。何か（つむぎさんのボキャブラリーの）単語で，保護者としては「え，そんなことが学校で起こっているの？」という内容だった。

　おかあさん：学校の先生方と（つむぎさんの訴えについて）事実確認をしなければならないな，ということはあった。（つむぎさんの言葉が）事実というよりは，本人が怖がっているということの表現がそのような形になったのかな，ということがちょっと起こって。担任の先生は（その陽気にグイグイ来るタイプの先生とつむぎさんを）何とか仲良くさせようと頑張ってくださったんです。

　おかあさん：最初は（私も担任の先生の働きかけに）乗っかってみたけれど。そのアプローチでは解決しないな，というくらい（つむぎさんが）怖がったので。少し（両者の間を）

離していただいて。何が何でも誰とでも仲良くならなければ
いけないというのは，それはもう無理かな，と。大人が間を
取り持とうとして，（つむぎさんが）苦手なタイプの方とも仲
良くしましょうと言い聞かせても，それは無理かな，という
感じがそこであった。

　おかあさん：ところが，同じ外国語活動でも，別の外部講
師の方（静かな声の，ギターを弾きながら活動をする先生）
にはすごく馴染んでいた。先生の膝の上に乗っかって，一緒
に歌っていた。（つむぎさんが）人を選ぶというところは（こ
の頃から）ちょっとあったかな。こういう人は怖い，こうい
う働きかけは嫌，っていうのがありました。

　おかあさん：ただ，（これからのことを考えると）そんなこ
と（「あの先生は無理」みたいなこと）を言っていてはいけな
いと思ったので。私が少しぐっと押すような感じで学校に送
り出していた時期は（小学校の頃に）あったので。ちょっと
本人としてはしんどかった時期があったかもしれません。

　おかあさん：他には，学校生活の中で「我慢する」ことで
乗り切るという対処方法を身につけてしまったような気がし
ます。修学旅行なども「2，3日なら耐える」という，根性で
何とか取り繕ってやり過ごす感じだった。先生方や周りの方
は「よくできた」とほめてくださって，（つむぎさん）本人の
気分はよかったけれど。根性で何とか取り繕ってやり過ごす

限界もあるので，課題が大きくなると立ち行かなくなるかも
しれない，どうなるかな，と思いつつ，特別支援学校の中学
部へと進学しました。

特別支援学校中学部―書籍との出会い―

　おかあさん：特別支援学校の中学部だったので，小学校の頃と違って，校内に姉がいるわけではないし。もちろん私は（校内には）いないし。先生方は新しいし。小学校では車椅子の児童はめずらしかった（特別支援学級で，個別に，ほぼ特別扱いをしていただいた）わけだけど。特別支援学校なので，新しい仲間がいっぱい増えて，車椅子の生徒さんたちもたくさんいるから。（つむぎさんは小学校の頃と違って）特別ではない。

　おかあさん：いろいろなことが重なって，（つむぎさんは）とても戸惑っていたんじゃないかなと思います。でもまぁ，（つむぎさんの）明るさと，先生方の熱意で何とかなるだろうと思って。ぽいっと放り込んでみたんだけれど。そこからかな。（学校の中では一切）喋らなくなったかな。（小学校の頃とは）がらっと変わって，喋らずに。

　藤村さん：初日から喋らなかったんですか。

　おかあさん：もうずっと泣いていて。それは小学校のとき（入学当初の頃）と同じなので，まぁ泣くでしょう，と。しばらくすれば慣れるんじゃないか。先生方も，いい方がいらっしゃったし，相性のよさそうな先生もいたので，大丈夫かなと思っていました。でも，結局，頷きや首振りなどで意思は示すけれど，口は開きませんでした。学校での発話については，そこから先は聞いたことがありません。

　おかあさん：音声を発するとすれば，泣き声とか，声を出して笑うとか，それくらいだったと思います。自宅でVOCAに自分の声を入力して，学校でボタンを押すことはありました。極端に嫌がっているという感じではなかったけれど，学校の中では声を出さないようになって。それから，という感じです。

　藤村さん：特別支援学校の中学部では，先生方から，少しでも何とか喋らせようという指導などは受けていましたか？

　おかあさん：はい。言語の先生についていただいて。言語聴覚士の先生にも見ていただきながら。週に1回くらいの頻度でST（スピーチセラピー）という授業があったのかな。高等部に進学してからもそういう授業の時間をとっていただいていたので，中学部の頃もたぶん同じような感じだったと思います。

　おかあさん：学校では言葉を話さなくなって，小学校の頃（のつむぎさんの様子）とはかなり違うな，ということが気になってきて。小学校の先生方は，保護者にいろいろと尋ねてくださって，一緒に考えるような感じだったけれど。特別支援学校ということもあって，専門の先生方に保護者から何かをお伝えするという感じではなくなって。どちらかというと先生方から何か質問があった時には答える，という感じに（学校の先生方との関係性が）変化していて。

　おかあさん：小学校の頃は，先生方と相談しながら，保護者からアイデアを出すということもあったけれど。特別支援学校の中学部では，保護者の方からアイデアを出すという感じではなかったので。どうしたらいいのかな（つむぎさんの様子の変化など）と，手の内がなくなってきたので。

　おかあさん：こういうことで相談できそうな人はいないかなと思って，少しずつ特別支援教育関係の情報を調べ始めて。ただ，特別支援教育といってもたくさんの先生方がいたので，誰がいいのかというのも分からなくて。たまたま，ナカニシヤさんの本（『特別支援教育におけるコーディネーターの役割』）を読んで。こんなことをやっている人がいるんだ，って思ったので。この人のところに行ってみようと思ったら，お世話になっている美容室が一緒だった。（美容室に著者の別の書籍が置いてあったのでそのことに気が付いた。）

　藤村さん：どのような相談をしたんですか。

　おかあさん：よく覚えていないけれど。（つむぎさんの）経緯を書いてメールを送ったと思う。学校ではあんまり喋らないんだけれど，と。どうしてほしいとか，具体的なことをお願いしていたかどうかは覚えていません。とにかく新しい視点が欲しくて。自分ではもう手一杯だったので。どうしていくといいですか，とか。いいアイデアはないですか，とか。自分がお伝えしたかったのはそういうことだったと思います。

つむぎさんの話し方

藤村さん：小学校の頃は，私と（つむぎさんが）話しているときの感じで喋っていたんですか。それ以上に喋っていたんですか。

おかあさん：励子さんと話しているときって（つむぎさんは）二語文とか三語文，喋っていましたか。

藤村さん：三語文くらい（までは）喋っていました。

おかあさん：ああ，じゃあ（小学校の頃も）あんな感じです。あれ以上でも以下でもない。そんなに立派にペラペラ喋っていたのがぱったりと喋らなくなったということではなくて。今の話し方も少したどたどしいと思いますけど，小学校の頃もあんな感じで，励子さんが見た通りです。

藤村さん：私と会っているときは，結構，喋っていますよね。

おかあさん：喋るといえば喋るけど，じゃあ，この子と細かい打ち合わせができるのかというと，それは難しい。言葉を発している分量や時間という意味では結構喋っている。だけど（つむぎさんの）経験や語彙が多いわけではないから。限られた経験や環境で身につけてきた内容に留まっている。喩えると「しまじろう」の世界観の範囲内，という感じ。

藤村さん：(つむぎさんが) 喋るときは，たどたどしい感じで，少し苦しそうな感じで声を絞り出しているときがありますよね。「今日は，○○を，やった」という感じで。途切れ途切れに。ところが，独り言を話しているときはとてもスムーズで。ギャップがあって。「あれは何だったかな…これはこうだったからこうだ」みたいなことをブツブツブツブツ独り言のように，人に向けての声の出し方とは違った感じで喋っていることがあるんですよ。

おかあさん：そうなの？　怖いね…。

藤村さん：こんなに (発声も内容もスムーズに) 喋れるのかと思って。周りの人間はかなり意識しないと聞き取れない (ような小さな声だった) けれど，独り言の時は結構 (スムーズに) 喋っている。だから，本当は (つむぎさんは) もっと喋れるのかな，人と喋ろうとすると緊張して声が出にくくなるのかな，と思って。それで (つむぎさんに) 音声入力で日記でもしてみたら，って提案してみたんですが。結局 (つむぎさんが) やろうとはしなかった。

藤村さん：やっぱり (記録として) 残されるのが嫌なんでしょうか。

おかあさん：何か「胡散臭い (意図がある)」と感づかれている，と。

　藤村さん：あはは，（つむぎさんに研究者としての意図が）ばれたか。

　おかあさん：本人が「これ何？」と思ってしまうと，もう，梃子でも動かない。それはもう（つむぎさんの）性質だと思う。障害ということではなく。「これやってみようよ」と言われたら「はいはい」と言える人もいるかもしれないけれど。（つむぎさんは）「はいはい」と言わないと思う。

　おかあさん：そういうややこしさも抱えた上での「ものを言わない」だったから。こじ開けようとする人がいると，障害の影響も無関係ではないと思うけれど，性質とも相俟って，ダブルでこう，できなくなる。意地でも喋らない，と思っているようなところがある。そういう時は，何か目の焦点が合わないような感じに（つむぎさんが）なっている。本人としても何か困っているんだとは思います。恥ずかしいという感覚とか，そういうことではなさそうで。そういう時は目が合わない。たとえ親でも。

　藤村さん：そうですね。無理に私の方から目を合わせようとはしないけれど，確かに合わない。

　おかあさん：そういう時は無理に喋らなくてもいいかと思っていて。話しかける必要があれば，違う方を見ながら喋るようにして。そういう人だと（つむぎさんのことを）思って

いるから（私は）敢えて（つむぎさんを）動かして「こっちを向きなさい」というような働きかけはしたことがない。

　藤村さん：私もそれは怖くてできません。だけど，特別支援学校の先生方は，（つむぎさんと）何とか目を合わせて，喋ってもらいたいと，働きかけていたということでしょうか。

　おかあさん：小学校の頃は，育まれるような，あたたかい関係性が周囲の方々とあって。特別支援学校の中学部では（つむぎさんが）面白がっていた先生もいらっしゃったけれど。関係性としては，小学校の頃と中学になってからはだいぶ違っていたと思います。唯一，研究室の河合さんが自宅に来てくださるようになって，「ねえさん（河合さんのことをつむぎさんはそのように呼んでいた）」とは喋れるようになって。（つむぎさんに限らず）中学くらいの頃は，そういうことがあるのかもしれないけれど。

　藤村さん：そうですね，確かに，思春期くらいの時期で。

　おかあさん：中学時代（のつむぎさん）は「きちっとしている子」になろうと気を張り続けていたような印象でした。

特別支援学校高等部と施設での様子

　おかあさん：中学部から高等部に進学して。高等部は（つ
むぎさんが）面白がっていた先生が複数いらっしゃって。周
りとの関係性は中学部の頃とあまり変わらなかったけれど，
少しだけ（つむぎさんの緊張が）緩んだ印象はあった。面白
がっていたけれど，相変わらず（つむぎさんは）頑張ってい
て，やっぱり喋らない。喋らないけれどそれなりに（学校生
活を）回しているという感じで。

　おかあさん：（保護者としては立場上）「喋ってほしいんで
す」とは言いながら「でももう（学校生活は）回っているし，
これはこれでいいのかな」と思い始めた時期で。本人が困っ
ているのかどうかもよく分からなかった。困るとすれば今後
（将来）。学校では頑張って取り繕って，自宅で家族や学生さ
ん相手に少しずつ発散して，でもみんなが優しくしてくれて
いるというこの状況について，卒業後は持続性がない。

　おかあさん：学校では行事などがいっぱいあって。（卒業
後は）そんな生活が続くわけではなく。施設に通うようにな
ってからも「外では喋らない」と頑張ってしまうと…。学校
では，本人がどれだけ喋らなくても，たくさん向こうから話
しかけていただいたけれど。施設の中で喋ろうとしないとど
ういう状況になるか，ちょっと心配だった。

　おかあさん：そんな感じで高等部卒業後，施設に通うよう
になったので。想像していた通りの困り感が出てきたなとい

う感じでした。ある施設さんでは，（つむぎさんが）ジーっと座っていて，（つむぎさんの）前にコップが置いてあって，（つむぎさんは）「ほしい」とは喋らないので（ずうっとそのまま）。「あぁ，やっぱりな」と思った。そして，自宅に帰って来てから（つむぎさんは）「嫌だ嫌だ」と言い出す。

　おかあさん：それでも対応しますよ，と言ってくださる施設さんがあったので。首の皮一枚で何とかつながったという感じだったけれど。その施設さんのご理解が少しでも崩れてしまうとまた同じことが起きると思う。（つむぎさん）本人も，施設の状況や職員さんたち次第で「いやーな気分で生きるしかない」ということが感覚的に分かっているようで。今は「どうなっていくんだろう，自分は？」という困り感に（つむぎさん自身が）直面している。

　おかあさん：だからと言って（つむぎさんの方から）積極的に喋ろうとはしていないけれど。何かこう，生きづらい感じが襲ってきているような状況（です今は）。中学部や高等部の頃から分かっていた課題ではあったけれど，なかなか正解がない。周りの理解で何とかなっているという段階から，（つむぎさん）本人が何かになっていかないといけない時期が来ているのではないかと。無理をさせたいわけではないのですが。ただ，何かを獲得していかないと少し難しいかな，という現在です。

河合さんとの出会い

藤村さん：河合さんのときって（つむぎさんは）どんな感じだったんですか。

おかあさん：河合さんのときは（つむぎさん自身が）まだ何をするのか知らない。後の方々（学生さんたち）は，河合さんのパターンで行くよという感じだったので。「大学生の方が家に来て，一緒に遊ぶよ」という（つむぎさんの認識）があったけれど。河合さんはすべてが初めてだったから。（つむぎさんにとっては）「誰だろう，この人」から始まって。「何をするんだろう」という感じでした。

おかあさん：その割には（馴染むまでが）びっくりするくらいのスピードでした。私の印象や感覚としては「早い」という感じ。河合さんの性質が，何か，こう，オープンマインドだったから，できたんじゃないかと思います。普通といったらいいのか，いわゆる普通という感じにしてくださっていたのか，してあげるという意識でもなかったような。（河合さんは大学でも）あのままの方でしたか。

藤村さん：あのままの方です，私（後輩）に対してもそうでした。

おかあさん：ねぇ。何かたぶん（つむぎさんが）取り繕わないといけない部分が（河合さんに対しては）なかったんじゃないかな。あまりにもあのままで。「遊ぼう」と言われた

から（つむぎさんも自然に）遊んでいたという，そんな感じ。お菓子を食べさせていただくという（かかわりの）パターンもできて。子ども祭り（大学祭のイベント）にも一緒に行っていただいたのかな。まだ学生さんなのに，学校の先生方でも難しそうな，大きなイベントの中に（つむぎさんを）連れて行ってくれるのかと思って「ふーん（すごいなぁ）」という感じ。まぁ，私もついていけば何とかなるかとは思っていたのですが。でも，私が離れても（つむぎさんと河合さんが二人でも）大丈夫。

　おかあさん：何かが見えている方だったのではないかと，河合さんは。（つむぎさんにとって）「次に何が来るんだろう」という（警戒や緊張感が）なかった，というか。学校の先生方に対しては，申し訳ないけれど，ずっとそんな感じだった（警戒や緊張感を持ち続けていた）のに。「この人は私に何をしようとしているんだろう」というのが（河合さんに対しては）全くない状態だった。（河合さんは，）遊んで，帰って，「ははは」と笑って。卒業論文の研究ということでもあったから（私としては少し心配して）「もういいの？　これで？」と尋ねたら。「郷右近先生が何とかしてくれるでしょう」と，あっけらかん。

　藤村さん：ああ，はい，目に浮かびます。

　おかあさん：仰っていることがそのまま，パーンと，その

まま（ストレート）という感じだったんでしょうね。カラッとしていて。先生になられて。1年後くらいかな，どこかのフードコートにみんなで行ったときも，（つむぎさんが食べたいと言うのに合わせて）ものすごい量のポテトを舛本さんと一緒に食べさせていて。何でももう，お任せしますので，好きなようにしていただいて，という感じで。そんな感じも（つむぎさんにとって）居りやすかったみたいで。

　おかあさん：河合さんはどんな先輩だったんですか。

　藤村さん：面倒見がよかったですね。ボランティア活動のときも，一緒に組むといろいろなことを教えてくれました。オープンマインドな方なので，あまり複雑な裏表などは意識しないのかな，というのが第一印象だったんですが。大事なところはきちんと見ていて，それを後輩に遠慮なく伝えてくれて。厳しいときは厳しい。

　藤村さん：どうして郷右近先生は河合さんにお願いしたんでしょう。

　おかあさん：私にも分かりません。でも，ちょうどよかったように思います。導入としてはこの上なく。小学校の頃の（つむぎさんの）お友達が，お姉さんになってやってきたような感じで。かかわり方がとても自然で。構えたような印象はなく，意識を張り巡らせて最善をという感覚ではなさそうで

（そういうピリピリした感じはつむぎさんは察知するので）。
これまでの（つむぎさんが）出会ってきた方々とはまた違っ
た，落ち着いた感じの方でした。

　藤村さん：（かかわる際の意識が）どっしりしてますよね，
安定感がある。

　おかあさん：もし私が大学生で，初めてのおうちに上がっ
たら，もう少し落ち着かない感じで（ソワソワしていると思
う）。お母さんに対しての態度と子どもに対しての態度を使
い分けてしまうとか。色々なことをしてしまいそうな気がす
るんですが。河合さんはずっと自然体で，なべて落ち着きが
あるという感じがしました。

　藤村さん：確かに，私は（最初の頃は）すごくキョロキョ
ロしていたと思います。

　おかあさん：河合さんにはそういうことがなかったと思い
ます。だからすごいなと思って。知らないお宅に「どうも」
と上がらせてもらうというのは…。河合さんだけでなく，皆
さん（他の学生さんも）「お母さんどうぞ，ゆっくりしていて
ください」ってしてくれたじゃないですか。でも，私が学生
さんの立場だったら，壁のむこうのお母さんに意識が向いて
しまって。「様子を見に来るんじゃないか」って。お母さん
が来たら，とたんに声が裏返るような。お母さんがあっちに

行ってくれたら「はぁぁ」って。それを繰り返すようなイメージがあったんですけど。河合さんは飛び抜けて，挙動不審な感じがなかった。

藤村さん：不思議ですよね。最初は（つむぎさんは河合さんがいる状況で）喋らなかった，確か3回目くらいまでは喋っていなかったと，卒業論文の記録にはありましたが。

おかあさん：ねぇ，書いてありましたね。私の印象としては「本当にそうだったかな」というくらい自然だったので。頑なに（つむぎさんが）「喋らないぞ」という感じだったわけではないと思います。「何だこの人は」と警戒しているという空気がなかったので。慣れるのに必要な時間が少しかかったという，それくらいに見えていました。何というか，馴染んでいくためだけの時間で，喋るとか喋らないとか，そういうことで躓いているという感じではなかったので。確かに「喋る」ということが論点にはなっていたので，意識はしていたと思いますが。

藤村さん：その後は，研究のテーマも「喋る・喋らない」からは変化していきましたね。そういえば，一番喋りやすい相手は舛本さんと（つむぎさんが）言ってました。

おかあさん：へぇー。そう言ってましたか？

　藤村さん：(つむぎさんに)「河合さん，私，舛本さん，誰が一番喋りやすい？」と聞いたことがあって。本人相手に，すごい質問ですけど。

　おかあさん：それを本人（藤村さん）が尋ねてくるという。怖いシチュエーション。

　藤村さん：「河合さん？」と尋ねたら，特に反応はなく，違ったみたいで。「私？」と尋ねたら，首を傾げられて（否定されました）。「舛本さん？」と尋ねたら「うん」と頷いた。「えっ，舛本さんなの？」と確認したら（つむぎさんが）「まっすー（とつむぎさんは親しみを込めて呼んでいた）」って言ってましたね，昔。

舛本さんとの出会い

. . . .

　おかあさん：自分の意思を通すことができる，という意味
では，舛本さんには一番喋りやすかったかもしれないですね。
言ったら何でもやってくれる（河合さんや藤村さんとはちょ
っと違う）と思っていたかもしれません。

　藤村さん：舛本さんと（つむぎさんと）の関係はそんな感
じだったんですか。

　おかあさん：そんな感じに見えましたけど。違うのかな。

　藤村さん：（つむぎさんと私が）ケンカした時も，舛本さん
が間に入っていなかったら，本当に終わっていましたけど。

　おかあさん：舛本さんがこういう人だ，と断定する意味で
はないけれど。舛本さんといるとき（のつむぎさん）は楽し
そうにやっていました。おやつを食べたり，遊んだり，次の
約束をしたり，その間ペラペラと喋り続けるという方ではな
いけど。（舛本さんが）男性ということもあって。励子さん
とのときのように，ペラペラペラペラしゃべっているという
感じとは違っていました。舛本さんが具体的にどうやってい
たのかは思い出せないけれど，横で見ていても（つむぎさん
が）楽しそうにしていたのはよく覚えています。

　おかあさん：あんな感じで，たくさんの人が（学校の先生
方や施設の職員さんたちも）かかわってくださったら（つむ

ぎさんは）学校に行くのもどこに行くのも，行く先のことは
楽しみにできたのではないかと，そんな雰囲気でした。

　藤村さん：二人が喋っているところ，見たことありますか。

　おかあさん：同じです。皆さん（河合さんや藤村さんのと
き）と一緒で。お茶を淹れているときに，二人で何かしゃべ
っているなと，横目に見ていたくらいで。私も何か手伝った
りした方がよかったのかもしれないけど，（つむぎさんのこ
とは）舛本さんに任せて「あー，よかったよかった，こっち
でテレビを見よう」なんて（私は）していたので。（よく見
ていませんでした。）どんな感じだったんだろう。まぁ，ワイワ
イやってました。だから，ボーイフレンドみたいな気分にな
るんじゃないかな。

　藤村さん：伺っていた学生の中で唯一，男の人ですもんね。

　おかあさん：そうですね。学校の先生でも，男性の先生と
相性がいい場合が割とあって。ちょっと（つむぎさんが）振
り回すくらいでも「はいはい」と意思を尊重してくださるよ
うなタイプの方が。男の人として好きという感じとは違うよ
うな気もしますが，そういうタイプの方が全般的に（つむぎ
さんは）好きで。

　藤村さん：確かにそうですね。子ども祭り（大学祭におけ

る特別支援教育コースの学生さんたちが主催するイベント）のときの舛本さんの様子は，そんな感じでした。（つむぎさんが）食べたいものを根気強く確かめて，「はい，分かりました，買ってきます」って感じで。

　おかあさん：買ってきたら，そのあと，食べさせてもくれて。

　藤村さん：そうです。食べさせてくれているのに（つむぎさんは）「遅い！」みたいな態度で。「早くしろ」という感じ。それでも舛本さんはニコニコと応じていて。私だったら「ちょっと，待って！」とか言ってしまうから。たぶんあれ（舛本さんのような対応）は無理です。

　おかあさん：私でも（あまり野放図に意思を示されると）「どういうつもり？」って，腹が立つこともありますけど。舛本さんは怒らない。

　藤村さん：そしてつむぎさんも，舛本さんに対しては怒らない。私が何か間違えたときには（つむぎさんは）めちゃくちゃ怒るくせに，舛本さんには怒らない。

　おかあさん：態度が全く違うじゃないですか。

　藤村さん：まったく。本当に。全然違いました。

藤村さんとの出会い

藤村さん：舛本さんの次は私でした。

おかあさん：一番長かったと思う。

藤村さん：長い。（学部4年生，修士課程2年間，三重大学教育学部着任後1年間。）

おかあさん：もう，ずっといていただけるような感じにすら（つむぎさんの気持ちの上では）なっているような気がします。（博士課程で東北大学に進学し，4年間は不在だったものの）「あれ，今年もいる」という感じになっていて。「ああ，よしよし，よかった」だったので。（進学の際は）ちょっと悲しんでいる様子でした。大丈夫かなと思ったけれど（藤村さんの後には）長谷さんが来るようになってくださったので，何とか（持ち堪えた）。

おかあさん：「もうこれは，よかった，やっと，ずっと続くやつだ」と（つむぎさんが）感じたんだと思います。小学校の頃から，担任の先生が変わることが割とストレスになっていましたし。介助の方で，とても良くしてくださった方が変わったときも。小学校でも，中学部でも，高等部でも，別れを経験してきたから。関係が続くということを（つむぎさん自身が）諦めているようなところもあって。

おかあさん：河合さんのときも，舛本さんのときも，いい

感じと思っていると引継ぎ（卒業や修了）があったわけなの
で。すごく（藤村さんのときは）「何か続くぞ」という感じで，
嬉しかったんじゃないかなと思います。日常生活になってい
たし，いてくれて。河合さんと舛本さんがきちんとしてくだ
さったので，その流れができて，パターンに慣れたという感
じもあったと思うけれど。楽しそうに。

　おかあさん：（日常になり過ぎていて）もう（つむぎさん
は）めんどくさい顔もするくらい慣れきっていて。「今日，励
子さん来るよ」と言っても「あー，はいはい」みたいな感じ
で。（特に何か準備するとか，気持ちが高揚しているとか，そ
んな感じもなく。）東北に進学するという時は（つむぎさん
に）どう伝えたらいいのか，と。その後も，夏休みとか，お
会いできてはいたけれど。でも，今回（三重大学教育学部に
着任した1年間）は「もう本当に良かった」という感じで。

　おかあさん：（つむぎさんは）「あぁ，おった，おった」「も
う家族」という気持ち。（来ていただいても）いつも「だらー
ん」とした感じで。私としては，長谷さんが来てくださって
いた頃（のつむぎさん）のように「ピシッ」とした姿に戻っ
てほしいと思うくらい「だらーん」と。本当の素の状態，と
いう感じです，励子さんといる時は。

　おかあさん：長谷さんのときは（つむぎさんにとって）良
い面の自分というか，「きちんと，正しくする，わたくし」

という感じだったので。長谷さんには（つむぎさんの中にある）「嬉しい」「悲しい」といった気持ちを上手に掬い取っていただいたけど，「怒り」とか「ドロドロ」とかは（つむぎさんが）出そうとしていなかった。

　藤村さん：私は長谷さんとはまだ，会ったことがないんですよ。

　おかあさん：ああいう方もいていただかないと。（つむぎさんにとって）大事な方だし，人格形成に必要な部分を固めてくださった。こっち側の（つむぎさんの）良いところと，（長谷さんのお人柄は）ピッタリよく合っていたように思います。そういう（つむぎさんの良い）面で付き合える方がいないと（つむぎさん自身も）自分の良いところに気づけないと思うので。「自分はこういう人間だけど，こうしていると，すごく良いところを掬い取ってもらえる」と分かれば，頑張らなくてはならない時に頑張ることができる。

　おかあさん：長谷さんは卒業してからも度々顔を出してくださって。相手が学校の先生だと（未だにつむぎさんは）はっと身構えるけれど，（卒業後は学校の先生でもある長谷さんに対しては）そういうことがなかった。

　藤村さん：学校にいるときは私が一緒でも（つむぎさんの）態度が全く違いました。学校では周りの生徒さんたちの

態度に合わせているような感じで。こうやって（脱力してうなだれた状態で）いる感じ。

　おかあさん：あの中で，だからなんでしょうか。

　藤村さん：あの中で普段のような自己主張をしてしまうと，先生たちの認識も変わるでしょうし，わがままと思われるかもしれないから，敢えて（つむぎさんは）こうしているのかなと思ったり。

　おかあさん：何で家での様子と学校での様子がそんなに違うのかと，結局は分からなかったけれど。何か思い通りにならないことが重なってそうしていたのかと最初は思ってましたが，そうしていることがむしろ楽だったのかもしれない。

　藤村さん：腕とかも先生方に動かしてもらって。ご飯も先生方のペースで淡々と。普段の（家庭での）飲食の様子とは違って，ただ飲んでる，ただ噛んでる，という感じでした。

　おかあさん：諦めのような感じ？

　藤村さん：こんなふうに（脱力して，されるがままのような状態で）。たまに私と目が合うと「ニヤッ」って笑って。私は，その「ニヤッ」はどんな意味なんだろうと考えながら，ただただ見ていた。

おかあさん：「私は学校では普段はこうしてますよ」って。「まぁ見てて」って感じだったのかな。

藤村さん：「これが（学校での）私ですよ」という感じ。本当にそのギャップは衝撃的でした。「誰だ，このおとなしい子は？」と。子ども祭りの私とのケンカの時も（つむぎさんは）喋ってはいなかったけれど，喋らないという自己主張の強さはいつもの通り。気が強そうな感じ。にらみ合ったという感じでしたけど。学校での喋らないという様子は従順というか，何というか，全く違った。

おかあさん：魂が抜けているような感じ？

藤村さん：本当に「起きてる？」って感じでした。先生方が「あれしたい？」「これしたい？」って尋ねてくださるんですけど，ほとんど反応せずに，全然やる気がなさそうで。私が「唐揚げ食べる？」と尋ねた時だけ，いつものように目がキラーンと輝いて。

おかあさん：それは食べる，と。

藤村さん：唐揚げあげたんですけど，それ以外は反応なし。先生が「お茶飲む？」と尋ねても，聞いていないような感じで。ぽーっとしていました。何度か繰り返し先生が尋ねると，ようやく頷く，といった様子。でも，態度が悪いという印象

はなかった。

　おかあさん：そういうときは，何かが抜けていますよね。

　藤村さん：魂が抜けて，入れ物だけが自動的に，勝手にや
っているという感じ。普段（のつむぎさん）は，すっごく自
己主張があって，ときどき腹も立つけれど，それがつむぎさ
んだと思うから。でも，どちらがいいんでしょうか。

　藤村さん：学校では，ゆっくり考えたくても，周りからど
んどん声掛けや質問があって。嬉しい面もあるんだろうけど。
でも，ノイズが大きいのかな，と。

　おかあさん：そうかもしれませんね。

　藤村さん：だから今年は，なるべくこちらからの喋りかけ
は最小限にしていて。そうするとこっち（つむぎさん）から
喋ってくれるので。

　おかあさん：今年は特にいろいろあったので，励子さんが
戻って来て，助かっています。

　藤村さん：今の状況だと，おかあさんが一番心配ですね。

　おかあさん：受け止めているだけではおさまらなくなって

きた。

　藤村さん：かなり強めの自己主張も，小さな頃にやってく
れたら，何とかなったんでしょうけど。

　おかあさん：そうかもしれませんね。大ゲンカになって。
それが大人同士のことなので，しんどいですね。

　藤村さん：力も強いでしょうし。

　おかあさん：声も野太くて大きいから。あんな感じを学校
で出してしまったら，とんでもないことになっていたでしょ
うし。

これまでとこれから

藤村さん：研究室を訪ねてみて，どうでしたか。

おかあさん：学生さんがかかわってくれるというのは一つ，キラキラっと，私はした。それは頼んだのか，仰っていただいたのか，ちょっとそこら辺は，何だったか忘れてしまったくらい。恩を忘れている。それはすごくよかったです。

おかあさん：大学に行って，子ども祭りに行って。文化祭みたいなものは（つむぎさんも）知っていたかもしれないけれど，友だちと何か，こう，外で食べながら楽しむといった経験はなかったと思うので。だから（藤村さんと子ども祭りの会場で）ケンカをするなんて（つむぎさんにとっても家族にとっても）夢のような世界で。何て素晴らしいことが起こったんでしょう，っていう。

藤村さん：私，もう，あの時「右に行くの？　左に行くの？　どうするの？」って聞いたのに。（つむぎさんは）「嫌っ」て，して。それから頑として返事をしなくなって。「じゃあ，ここにずっといるの？」って聞いたら，「うーっ」て唸ってきて。

おかあさん：何もかにもダメ，みたいな？

藤村さん：バギーの背に「ガンガンガンガン！」って（つむぎさんが）頭を打ちつけてきた時には，私のことを怒らせ

ようとしているのかな，と思って。

　おかあさん：そういうふうに思ってしまいますね。

　藤村さん：本当に両者にらみ合いみたいな感じで。たぶん（つむぎさんが）歩くことができる子どもだったら（私は）「もう帰る！」って言って帰ってしまったのではないかというくらい腹が立ちました。一応，ぎりぎり，理性が働いて「とりあえず舛本さんのところに行って，そこから話をしよう」と言って。

　おかあさん：そこで舛本さんが登場するんだ。

　藤村さん：舛本さんが間に入ってくれたら（つむぎさんも）気持ちが変わったみたいで。

　おかあさん：いやな女ですね。

　藤村さん：「こっち」と言ったり指差ししたり（さっきまでとは全然違って）してくれるようになって。その場は何とかおさまったんですけど「もうこれ，卒論は終わったな」と思ったくらい。その時は。

　おかあさん：それを聞いた時，私は「すごい！　よかった，よかった！」って言って。

　藤村さん：（大学祭会場の）メインストリートで，人が周りにいっぱいいたのに，大ゲンカして。「どうするの！　言わなきゃわからないよ！」って。それでも（つむぎさんが）黙っているから。

　おかあさん：（つむぎさんは）姉ともケンカをちゃんとしたことがなかったので。その時の話を聞いて，姉は「誰が受けても嫌なことをしてみて，測っていたんでしょ」と言っていました。

　藤村さん：ああ。

　おかあさん：私に対して，自宅ではしているようなことではあるけれど，それを外でも（しかも家族以外の人に対して，周りにたくさんの人がいるという状況で）したっていうのは，初めてだったので。

　藤村さん：すごく「ガンガンガンガン！」って（後頭部をバギーの背に打ちつけていて）。本当にもう，バギーを壊す気かなっていうくらい，怒っていて。私が「どうしたらいいのか教えて？」とか尋ねても「ギャー！」と大声で泣いて。その「ギャー！」も，悲しくてという感じではなく，当たり散らしてくるような感じで。それを聞いて，私はぷつーんときて。「もう，いい加減にしてよ！」みたいな。

おかあさん：それはもう，はい。

藤村さん：あのような感じで「ギャー！」となるのは，自宅だけですか？

おかあさん：それが，家だけ（車の中で家族に対して等はあるけれど）なんです。家の中だけで，ああいう形で発散していてもダメなんだろうなとは思っています。家の中で「ギャー！」と言った後，また外に行った時に変化があれば，それはそれでいいのですが。「これですっきりしたから，今度は外でも自分の思いを喋ってみよう」とか。だけど，なかなかそのようにはならない。喋ってみようというのは，少し違うかもしれないけれど。

藤村さん：今後についてはどうでしょう。

おかあさん：ここまでは，学生さんとのかかわりという形はよかったんですけど。（つむぎさんと学生さんたちとの）歳がひっくり返ったので（今までは学生さんの方が年上か，同世代くらいだったけれど，現在のつむぎさんは26歳）。学生さんたちにお願いするのは恐らく…（今後は難しい）。

おかあさん：教育学部の学生さんだと「学校で教える」ということを念頭に（つむぎさんを）見るだろうと。そういう意味では（つむぎさんは）すごく楽な子（その場ではきちん

としてしまう可能性が高い）と思うから（あまり学生さんの勉強の役には立てない）。その先というのは，まだ自分でも分からない。

　おかあさん：かかわりながら（つむぎさんが）心を開くことができるようにさせてもらえればありがたい。本人をゆっくりさせてあげたいなとは思うけれど，（自宅で一人でできることとしては）もうちょっと手一杯だし…。何かの手が欲しい。お風呂とか，そういうことは良くしていただけるように社会がなってきたのでそれはありがたいのだけれど。（つむぎさんの）機嫌をとってほしいというわけでもなくて。何か新しい発想が欲しいです。そういう意味では，最初に研究室を訪ねた時と（ブレイクスルーが必要という意味では）一緒です。

　おかあさん：自分で何かを主体的に発信して，自分の人生なので，（つむぎさんの）主体性が育つといいなと思っています。手伝いはいくらでもするけれど。自分の「したい」が叶うような方法とかを（つむぎさんが）手に入れられるといいかな。その手段が言語かと思い込んでいたけれど，今後（の研究テーマ）は言語にあまり焦点化しなくていいのかな，と思います。10年くらい，お願いをして，ここまで来たけれど。それが今後したいこと，かな。

　藤村さん：ありがとうございました。

狐と蛇の化かしあいに迷い込んだコツメカワウソ

藤村励子

　先生と（つむぎさんの）おかあさんが話している場に同席すると，理解が追い付かなくなる時がしばしばあります。
　特に難しい言葉を使っているわけではないのに，脈絡が分からなくなる，不思議なやりとりが続きます。

　本書で紹介したような取り組みは，よく考えてみると（本当にやろうとすると）めずらしいのではないかと思います。
　ですが，先生も（つむぎさんの）おかあさんも，敢えて誰にでもできる，何でもない日常のように仕立てようとしている気配があります。

　どちらが狐で，どちらが蛇とは申しませんが。
　その間に迷い込んだコツメカワウソの立場と致しましては「何か不思議なことが続いているぞ」と，実態に迫ろうとしたのが本書（における私の役割）です。

　その一端でも記録として残すことができていれば幸いです。

おわりに

　事例研究でできること。それは，対象やご家族に，思い出すことのできる人や気にかけてくれる人を一人でも増やしたいということ。願わくば，本当に行き詰った状況の時，連絡をしようと思い浮かぶ誰かがいること。それ以上でもそれ以下でもないというのが現時点における筆者の限界です。学生さんに伝えているのは他人の家に上がり込んで違和感なく存在するためのスキルや心構えくらい。特別支援教育の分野では「病弱教育」や「肢体不自由教育」における「訪問教育」を行うためのトレーニングと考えています。

　前著『特別支援教育におけるコーディネーターの役割』の原稿を書き始めた頃から 15 年近くが経過しました。ヒロキ君のお母さんからいただいた「もっと，ヒロキ以外にも，いろいろな症例とのかかわりを重ねて欲しい。そして，その経験を書いて欲しい。」という宿題に対する現時点での回答が本書です。長い時間がかかりました。この間，つむぎさんとご家族をはじめ，河合さん，舛本さん，藤村さん，長谷さんだけではなく，宇賀さんや春日井さんや松本さん，そのほか多くの方々のご協力で，ここまで辿り着きました。

　ナカニシヤ出版様にはこの間，継続的なご理解とご支援を賜りました。つむぎさんのおかあさんとの出会いのきっかけも前著『特別支援教育におけるコーディネーターの役割』で

した。特に宍倉由高様と山本あかね様からのご厚誼については本当に有り難く，深い信頼を抱き続けております。不肖の弟子を常にあたたかく見守ってくださる恩師，東北大学大学院教育学研究科の野口和人先生の教えを愚直に通して参りました。今回，バトンの半分を藤村励子先生に手渡すことができたことを大変うれしく思っております。今後ともつむぎさんとご家族のこと，よろしくお願い申し上げます。

著者紹介

藤村　励子（ふじむら　れいこ）
郡山女子大学家政学部講師。

郷右近　歩（ごうこん　あゆむ）
東北大学大学院教育学研究科博士課程後期課程修了。博士（教育学）。
三重大学教育学部教授。

続：特別支援教育におけるコーディネーターの役割
事例を通して考える本人・保護者中心の連携支援体制の展開

2023 年 1 月 30 日　　初版第 1 刷発行

著　者　藤村励子
　　　　郷右近歩
発行者　中西　良
発行所　株式会社ナカニシヤ出版
〒606-8161　京都市左京区一乗寺木ノ本町 15 番地
Telephone　075-723-0111
Facsimile　075-723-0095
Website　http://www.nakanishiya.co.jp/
Email　　 iihon-ippai@nakanishiya.co.jp
郵便振替　01030-0-13128

装幀＝白沢　正／印刷・製本＝ファインワークス
Copyright © 2023 by R. Fujimura & A. Goukon
Printed in Japan.
ISBN978-4-7795-1705-1